AF435538

Saturno Luna

Desinventor

Víctor Martínez López

© 2011 Víctor Martínez López

Ilustración de cubierta: Enrique Guillamón.
(http://enriqueguillamon.com/)

1ª edición

ISBN: 978-84-9009-717-5

ISBN ebook: 978-84-9009-718-2

DL: M-41452-2011

Impreso en España / Printed in Spain

Impreso por Bubok

A mi hijo Víctor, mi personaje favorito

Índice

Capítulo 1
LA LLEGADA

En un mes de octubre como aquel lo normal era que en la tranquila ciudad de Curmia no pasara nada; por eso mis amigos y yo recibimos con tanta curiosidad a la caravana del Profesor Saturno Luna. Apareció casi a mediodía, y ninguno de nosotros había visto nunca nada igual: era mucho más grande que una furgoneta corriente, su carrocería estaba pintada con imágenes de planetas, estrellas y cometas y en el lateral podía leerse, en grandes letras amarillas: "Saturno Luna. Hombre de Ciencia, Mago Racional e Inventor".

Su entrada triunfal en la plaza mayor venía anunciada por un gran megáfono, con una fanfarria digna de un circo. Paró muy cerca del ayuntamiento, donde ya se había congregado una multitud de abuelos, gentes del lugar y absolutamente todos los niños del pueblo. Allí estaba Matías, el barbero, que se había asomado a la puerta de su peluquería haciendo como que barría la acera. También estaba Dolores, la tía de mi amiga Ana, y Esteban, un viejo cascarrabias que siempre discutía con el barbero sobre la mejor técnica para cazar perdices en el campo. Casi todos los adultos intentaban dar la impresión de que se encontraban allí por algo importante, por una gestión urgente o una compra que debían realizar sin falta. Pero no era difícil darse cuenta de lo que sucedía de verdad: desde que la furgoneta inició su recorrido por el pueblo, mientras avanzaba por las estrechas calles que llevaban hasta la plaza, se había corrido la voz de que algo raro estaba pasando, de que unos extraños personajes habían llegado a Curmia, y nadie quería perdérselo. Y mucho menos nosotros, el grupo de amigos que habíamos pasado jugando juntos el verano entero y a los que Serafín, el conserje del colegio, llamaba "los cuatro mosqueteros".

Del interior del vehículo salió un hombre muy delgado y extraordinariamente alto, ataviado con una levita azul con estrellas bordadas, gafas redondas de metal dorado y un bombín a juego con su traje. Su cabello, largo y rizado, se disparaba en todas direcciones como si estuviese cargado de electricidad. Y pese a su aspecto, no había nada en él de ridículo, sino todo lo contrario: irradiaba magia y carisma por los cuatro costados.

—¡Buenos días, habitantes de Curmia! —gritó con voz grave, pero agradable—. Permítanme que me presente: mi nombre, como sin duda habrán deducido tras observar mi caravana, con la sagacidad que caracteriza a los vecinos de esta tierra, es Saturno Luna, representante de la nueva ciencia y de la Lógica Selenítica. Mis colegas y yo acabamos de llegar de la vecina ciudad de Ganetarca, a la que hemos contribuido a elevar a un nuevo grado de sabiduría, tecnología y prosperidad. Sería para nosotros un honor fijar nuestra residencia en Curmia durante los próximos días, y así poder repetir nuestra hazaña científica, un cúmulo de prodigios que ha hecho adelantar varios siglos a muchas localidades de este país.

—¿Qué eres, otro feriante charlatán? —preguntó en voz alta uno de los más ancianos, que ya estaba de vuelta de todo—. Pues que sepas que las fiestas terminaron el mes pasado.

—Gracias por preguntar, querido Aurelio. Porque se llama usted Aurelio, ¿verdad? —el abuelo se quedó de piedra, y un murmullo de admiración recorrió la muchedumbre—. Verá, no se trata de charlatanería sino de la pompa y ceremonia propias de mi lugar de procedencia; si caigo en el exceso espero que ustedes sepan disculparme. Y no soy feriante, sino científico y mago racional, como bien acredita mi título, obtenido en la prestigiosa

Facultad de Cientimagia de Händelberg. Pero tiempo habrá para que sepan más de mí. Ahora, sin más dilación, debo entrevistarme con el Excelentísimo Alcalde de la localidad, don Evaristo Polo. ¿Alguien podría indicarme dónde encontrarlo?

Una de las niñas presentes se adelantó y le pidió al profesor que la acompañara. Él la cogió de la mano y, sonriente, se fue con ella hacia el interior del ayuntamiento.

Poco a poco la muchedumbre comenzó a dispersarse, pero aun así la gente seguía formando pequeños grupos que no cesaban de murmurar. Carlos, Lucas, Ana y yo nos quedamos observando la caravana, de la que se bajaron dos personas más. Tan apabullantes resultaban la apariencia y las formas del tal Saturno Luna, que nadie se había dado cuenta aún de que venía acompañado por una mujer y un hombre. La chica era muy guapa y su aspecto era inocente, como el de las princesas de los cuentos. Iba vestida con un maillot blanco cubierto de medias lunas negras. El tercer hombre era un enano que no llegaría al metro treinta de altura pero muy musculoso, ancho y fuerte, y era el único miembro del trío cuya vestimenta no llamaba especialmente la atención. Con su pantalón de peto y su camisa roja de cuadros negros recordaba, quizá, a los duros leñadores de las películas de vaqueros.

—Buenos días, niños —saludó la chica, y se pudo a hacer estiramientos primero, y cabriolas y volteretas después ante nuestros atónitos ojos.

—¿Sois del circo? —le pregunté al enano.

—Naturalmente que no. Somos el equipo del Profesor Luna, lo cual no es moco de pavo, muchacho. Pero perdona mis modales y permite que me presente: me llamo Urano Titán, y mi compañera es Venus Io. Normalmente no es así de saltimbanqui, pero llevamos muchas horas en la caravana y tiene ganas de desperezarse.

—¿Muchas horas? ¿No decía el Profesor que veníais de Ganetarca? Eso está a solo...

—Bueno, bueno —interrumpió Urano—. Cuando eres mayor las distancias y el cansancio son muy relativas. Además el Profesor odia las líneas rectas y los atajos. Él es así. Por cierto, ¿con quién tengo el placer de hablar?

—Me llamo Gonzalo —contesté—. Y éstos son Lucas, Carlos y Ana.

—Oh, encantado, dama y caballeros —respondió con una reverencia.

Por la otra esquina de la plaza apareció, a toda velocidad, una unidad móvil de la televisión local que no tardó en estacionar junto a la caravana. De ella descendieron una redactora y un cámara, que ya estaba grabando incluso antes de bajar.

—Buenas tardes —dijo ella, dirigiéndose a Venus—. Soy Toñi Martín, de Canal Local Curmia. ¿Podría hacerles unas preguntas?

—Señorita Martín, un honor —gritó Saturno Luna, que ya descendía las escaleras del Ayuntamiento—. Un honorazo, sin duda.

El profesor cubrió el espacio que le separaba de los periodistas dando grandes zancadas.

—¿Usted es...? —preguntó la periodista.

—El Profesor Saturno Luna, para servirle.

El cámara ya había llegado junto a ellos, y les enfocaba a ambos.

—Profesor Luna, ¿podríamos saber cuál es exactamente su ocupación y cuánto tiempo permanecerá en Curmia?

—Tranquila. Hagamos las cosas bien, señorita Martín. Tengo el placer de comunicarle que acabo de mantener una interesante reunión con el Excelentísimo Alcalde, don Evaristo Polo, el cual me ha autorizado a establecer de forma temporal mi residencia en esta hermosa, tranquila y acogedora localidad. Esto es sin duda motivo de satisfacción para mí y también para los vecinos de Curmia, que pronto podrán beneficiarse de mis inventos. Si a usted le parece, yo podría asistir esta noche a su programa de televisión con el fin de que todos los telespectadores supieran más de mí y de las maravillas que puedo ofrecerles, dicho sea desde la modestia.

—Caramba —respondió la redactora, sorprendida—. Eso sería perfecto, señor Luna. Aunque he de advertirle de que somos un pequeño canal local. No tenemos mucha audiencia.

—Oh, eso déjemelo a mí, querida. Y ahora, permítame que le haga un pequeño obsequio.

El extravagante profesor entró a la parte trasera de la caravana, de la que salieron varios sonidos metálicos: unos martillazos, un rac-rac parecido al que se escucha cuando se da cuerda a un reloj, y un par de tin-tin como de campanillas. Al poco salió de nuevo sonriente, portando un pequeño aparato rectangular en sus manos, no mucho más grande que un teléfono móvil.

—Aquí tiene, señorita. Ajuste este inalambrizador volatorio a su micrófono. Así.

Aunque le hablaba a la presentadora, en realidad el inventor le había arrebatado ya el micrófono y estaba conectándole el aparato. Después, de un tirón, le quitó el cable y lo lanzó hacia arriba como si estuviese poniendo una paloma a volar.

—¡Ale hop! —gritó Luna. Y el micrófono revoloteó a su alrededor como un pájaro, dio unas vueltas sobre la caravana y la unidad móvil de televisión y se colocó flotando junto a la presentadora, aún suspendido en el aire.

Los pocos curiosos que aún quedaban junto al ayuntamiento soltaron un clamoroso "¡ooooh!" de admiración. Los periodistas, y nosotros mismos, nos quedamos con la boca abierta. Mi amigo Lucas no hacía más que darme codazos, tantos que más tarde me daría cuenta de que me había hecho un morado en el brazo.

—Señorita Martín, debe saber que su micrófono sigue plenamente operativo. Ahora no sólo es inalámbrico sino volador, y le seguirá a cualquier parte haciendo más cómoda su rigurosa labor periodística.

—Pero... pero... esto es... —comenzó a decir la redactora.

—¿Sorprendente? ¿Milagroso? Oh, créame, querida, esto es sólo una pequeña muestra de los prodigios de la cientimagia, dicho sea con humildad.

—Oye, Saturno, ¿y no podrías hacer lo mismo con la cámara que pesa como un muerto? —preguntó el operador.

—Profesor Luna si no le importa, señor... Ibáñez, ¿verdad? Bien, señor Ibáñez. Seguramente será igual de sencillo adaptar un artilugiador volatorio para su cámara. Tomo nota de la petición y trabajaré en ello en fechas próximas. Y ahora, si no les importa, mis colegas y yo tenemos que dejarles. Esta noche nos veremos en la televisión.

Y dicho esto, los tres personajes montaron de nuevo en la caravana, que en un par de minutos había desaparecido por la otra esquina de la plaza.

Capítulo 2
EN TELEVISIÓN

Los cuatro amigos nos quedamos medio paralizados junto al espacio vacío que había ocupado la caravana del Profesor Luna. Supongo que ninguno de nosotros se podía creer lo que acababa de contemplar. Yo no sabía decidir qué me alucinaba más, si la facilidad con la que aquel hombre extraordinario había convertido un micrófono en una especie de mascota voladora o la propia extravagancia de la que hacía gala. Curmia es una ciudad pequeña y tranquila —había quien la consideraba aún un acogedor pueblecito de provincias— y estábamos poco acostumbrados al exceso y al espectáculo.

Los profesionales de la unidad móvil de televisión, más acostumbrados a encontrarse en situaciones insólitas, se recuperaron pronto de la sorpresa y recogieron el material, dispuestos a marcharse. Les costó un poco guardar el micrófono, que insistía en revolotear alrededor de la periodista. Fue necesario que el operador de cámara le tendiera una sencilla emboscada, atrapándolo con una bolsa de plástico en pleno vuelo.

A nosotros se nos había echado la hora encima. A pesar de que era sábado y disfrutábamos del tiempo libre, en casa nos aguardaba la comida, así que emprendimos el camino de regreso. Lucas fue el primero en romper el silencio:

—Vaya tío más raro, ¿no?

—No había visto nada igual en mi vida —continuó Carlos.

—¿Os habéis fijado en lo alto que es? Sobresalía por encima de todos los del pueblo —apuntó Ana.

—Es que es muy delgado, y con esa chaqueta tan larga que lleva... —contestó Lucas.

—Levita —dije yo.

—¿Qué? —preguntaron a la vez Lucas y Ana.

—La chaqueta que lleva se llama levita. Y el sombrero, bombín —continué.

—¿Y tú cómo sabes eso, Gonzalo? ¿Has estado leyendo otro de esos libracos que tiene tu padre en su biblioteca? —preguntó Lucas, que iba muy cerca de mí, propinándome otro codazo.

—¡Ay! Vale ya, Lucas, que estás todo el rato dándome codazos. No es tan difícil saber eso.

—Bueno, pero sea muy alto o no, que yo creo que es muy alto, es verdad que es un rato raro. Con esa melena que parece que ha metido los dedos en el enchufe...—dijo Ana.

Carlos soltó una carcajada.

—Es verdad. Y esas gafillas y esa cacho nariz. ¡Y la ropa que llevan! ¿Habéis visto alguna vez a alguien vestir como ellos?

Ahora los cuatro lo acompañamos en su ataque de risa. No hacía ni treinta minutos que habíamos perdido de vista al Profesor, y gran parte de su encanto y carisma ya se estaban desvaneciendo.

En todas las mesas de Curmia el tema del día fue, sin duda, el Profesor Luna y su comitiva. En cada casa había alguien que había asistido a la llegada de la caravana, o a quien le habían contado lo sucedido. Sin embargo muy pocos habían presenciado, como mis amigos y yo, la alteración del micrófono de la periodista, y también muy pocos habían oído que el protagonista de todas las conversaciones acudiría esa misma noche a la televisión local.

Desde que entré por la puerta no paré de contarles a todos lo que había visto: a mi madre, a mi padre, a mi abuelo. Primero por separado, y después en una nueva versión conjunta durante la comida.

—Por lo que dices, yo creo que Aurelio tenía razón: ese tío es un charlatán —sentenció mi padre, mientras añadía unos trozos de jamón a su cuenco de gazpacho.

—O más probable aún: un timador profesional. Yo he conocido a unos cuantos —añadió mi abuelo.

—Qué va —contesté—. Bueno, un poco sí que parece por esas maneras que tiene de expresarse y demás. Pero luego cogió el micrófono y...

—Y le puso un aparato para que saliera volando, ya lo sabemos —atajó mi madre—. Ahora, ¿qué tal si te terminas el gazpacho y te echo un poco de pescado?

—¡Jolín! —protesté, acompañando mi queja con un resoplido que me levantó el flequillo—. No aguanto el pescado.

—No es opcional, Gonzalo. Sólo quien se lo coma todo podrá quedarse esta noche a ver al tío ese en la tele.

—¡Vale!

De repente, el pescado volvía a ser interesante.

Algo más tarde, mientras mi padre y mi madre recogían juntos la cocina, escuché de pasada su conversación:

—Este chaval tiene una imaginación desbordante. Mira que ver un micrófono volador... —le decía mi padre a mi madre.

—La culpa es del mago ese —contestó mi madre—. Ha llegado con esa puesta en escena tan espectacular y ha dejado a los pobres críos sugestionados.

La tarde pasó como a cámara lenta. Todos, o muy especialmente los niños del pueblo, estábamos impacientes por ver de nuevo al Profesor Luna en acción. Tanto es así que interrumpimos varias veces los deberes para llamarnos por teléfono, con el enfado de nuestros mayores. Cada llamada era para compartir un nuevo dato, una pista, algo que habíamos oído a alguien que tenía un conocido o un familiar que trabajaba en la televisión o en el ayuntamiento, al que a su vez le habían contado algo supersecreto del breve encuentro del cientimago con el alcalde. Mucho tiempo después Ana me contó que había pasado gran parte de aquella tarde mirando una enciclopedia vieja de su tío en la que aparecían científicos e inventores de todo tipo, para ver si alguno se parecía a nuestro extraño visitante.

Al caer la noche, mi familia repitió el ritual diario de la cena, como tantas otras familias de Curmia. Después de cenar y de recoger los platos cada uno fuimos tomando posiciones en el salón, delante de la tele. Mi padre, como siempre, se había hecho con el mando a distancia.

—¡Cariño! —gritó, llamando a mi madre— ¿Está averiada la televisión?

—Que yo sepa no —contestó mi madre desde la cocina, mientras metía una bolsa de palomitas en el microondas—. ¿Por qué lo dices?

—Pues porque no se sintoniza nada más que la tele local en todos los canales.

—Apaga y vuelve a encender —propuso mi abuelo, que siempre solía resolver así sus problemas con cualquier cacharro tecnológico.

—No se apaga —dijo mi padre, apretando el botón de encendido del propio aparato—. Qué raro. Voy a hablar con Juan, el vecino, a ver si él lo ve todo bien.

Mi madre apareció por la puerta con el cuenco de palomitas. Yo estaba contento: al fin y al cabo, era la tele local la que se veía bien. Al poco volvió mi padre.

—Nada, le pasa lo mismo.

—Bueno, da igual —dijo mi abuelo—. Aquí tenéis al fulano ese.

El pequeño plató de Canal Local Curmia parecía mucho más grande que de costumbre, como si se tratara de una televisión de ámbito nacional. También la iluminación, el maquillaje e incluso la desenvoltura de la presentadora eran mejores de lo normal. Se trataba del programa de Toñi Martín, a la que acompañaba, levitando junto a su sillón, el micrófono volador.

—¿Veis? —grité a mi familia, señalando la pantalla.

Sin decir nada, mi padre se llevó el dedo índice a los labios, mandándome callar. Nunca lo había visto tan concentrado. La entrevista acababa de comenzar.

—Profesor Luna, ¿podría recordarnos a qué se dedica usted?

—Por supuesto, señorita Martín —contestó Saturno Luna. El sillón en el que se sentaba era pequeño, y sus largas y delgadas piernas, flexionadas, parecían dos alambres—. Soy científico, mago racional e inventor. Aunque de igual manera que mi profesor Emil Ambrosius, de la prestigiosa Universidad de Händelberg, prefiero referirme a mí mismo como cientimago.

—¿Cientimago? ¿magia racional? Comprenderá que se trata de términos un poco extraños. Al menos no son muy habituales en las universidades de por aquí.

—No hay nada de extraño en ellos, querida. Se trata de Magia científica. O más propiamente, de Ciencia mágica. Pero, ¿qué ciencia no lo es, cuando rebasa las fronteras de nuestro conocimiento? ¿Acaso sabe usted cómo funciona realmente un avión?

—No —respondió la presentadora, intrigada.

—¿Sabría construir usted un avión ahora mismo?

—Pues no, claro.

—Es decir, que cuando usted se sube a un avión éste vuela sin que usted sepa muy bien por qué. Como por arte de magia, ¿es así?

—Sí.

—¡Magia! —gritó Luna, poniéndose de pie y abriendo los brazos. Luego, como todo un profesional, miró directamente a cámara y añadió:— Y ciencia. ¿Dónde empieza una y acaba la otra? ¿Quién sabe?

Aquel excesivo personaje volvió a encogerse en el sillón del estudio y recuperó la compostura. De nuevo su discurso era pausado y tranquilo, como el de un verdadero profesor que intenta educar a su auditorio.

—Y sin embargo, la cientimagia va mucho más allá. El Principio Número Uno de la magia racional nos dice: "Si es lógico, es posible". Y Número Dos: "Si es deseable, también es posible". Querida amiga, ¿no es lógico y deseable que usted pueda transportar su micrófono sin esfuerzo alguno?

—Pues... —la periodista meditó su respuesta— tal vez sí. Sí, lo cierto es que sí.

Saturno Luna se puso de nuevo de pie, como lanzado por una catapulta, y señaló con ambas manos al micrófono volador.

—¡Et Voilá, querida! Por eso fue posible concebir y construir, en tan sólo cinco minutos, el extraordinario y maravilloso inalambrizador volatorio que ahora hace su vida profesional mucho más fácil.

Luna había subido progresivamente el tono; pronunció estas tres últimas palabras, "mucho—más—fácil" de forma pausada pero intensa, y fue en ese momento cuando el público del plató estalló al unísono en un grito de euforia. Lo más sorprendente para mí fue que mi abuelo, mi madre y hasta mi padre saltaron juntos del sofá en el que se sentaban. Sonreían entusiasmados, mirándose los unos a los otros.

—Jamás había conocido a un genio semejante —afirmó mi padre.

—Universidad de Händelberg —continuó mi abuelo, asintiendo con la cabeza.

En televisión, Saturno Luna se había hecho el dueño absoluto del programa; a esas alturas, la presentadora estaba de más.

—Inalambrizadores; electrofuentes; desgasificadores atómicos —enumeraba el científico—. Ingenios más allá de la imaginación que otras ciudades y regiones ya poseen y que ahora disfrutarán ustedes. El siglo veintiuno es muy aburrido. ¡Pasemos página! Empecemos ya el siglo veintidós, ¡la Era de la Cientimagia!

Y dicho esto aparecieron en escena los acompañantes de Luna, Urano Titán y Venus Io, empujando una carretilla repleta de artilugios increíbles: zapatos con alas, gafas sin patillas, taladradoras que no necesitaban broca y un largo etcétera difícil de clasificar. Entre los dos comenzaron a repartir toda esa mercancía entre el público.

—¡Adelante, señores! ¡Observen y prueben lo que deseen! —animaba Saturno Luna, de pie sobre la mesa del plató—. Yo no deseo hacerme rico, y todos mis inventos están libres de patente. Por ello puedo ofrecerlos a todos a un precio irrisorio...

El programa terminó y la tele volvió a funcionar correctamente. Ya era posible cambiar de canal como antes, pero mis padres y mi abuelo seguían nerviosos y contando maravillas del inventor. Yo no salía de mi asombro, porque a mí el tal Saturno Luna cada vez me agradaba menos; y sin embargo veía a alguien como mi padre, el bibliotecario del pueblo, un hombre que siempre ponía el sentido común por delante, entusiasmado ante la idea de unos zapatos con alas que podían hacerle correr más. Cuando todos se tranquilizaron, y tal vez por las intensas emociones que habíamos vivido, a mí me apetecía asaltar de nuevo el bol de palomitas, pero ya estaba vacío.

—Mamá —dije extendiéndole el cuenco a mi madre—. ¿Podemos hacer más palomitas?

—Uy —contestó mi madre con expresión de cansancio—. Es que es un rollazo, Gonzalo, no tengo ganas de sacar otra vez la sartén para tostar el maíz... Otro día hago más, ¿vale?

—¿Sartén? —pregunté, perplejo—. Pero, ¿estas palomitas no se hacen en el microondas?

Mi madre parecía más asombrada todavía. Se echó a reír, extendió su mano y me revolvió el pelo.

—¿Microondas? ¿Qué es un microondas, Gonzalo?

Capítulo 3
ESTAMPIDA EN LA ESCUELA

El lunes siguiente pasé las primeras horas de clase deseando que llegara el momento del recreo para hablar con mis amigos. Nada más tocar el timbre salí corriendo por el patio hasta el punto, junto a la verja del colegio, en el que solíamos encontrarnos los cuatro. Lucas y Ana ya estaban allí, dando cuenta de sus respectivos bocatas, y Carlos llegó apenas un par de minutos más tarde.

Ni que decir tiene que la conversación giró en torno a Saturno Luna y a su presencia en la tele local. Al parecer, en todas las casas se había producido la misma avería, de forma que era imposible sintonizar ningún otro canal. Pero sin duda, lo más extraordinario de todo era la misteriosa desaparición del microondas, aparato que de repente se diría que no había existido nunca. De nosotros cuatro sólo Ana y yo nos habíamos percatado del extraño suceso.

—Fue ayer por la mañana, —explicó Ana— Mi madre todos los días prepara la leche en el microondas, pero esta vez había cogido un cazo del armario de la cocina y la estaba calentando en el fuego. Cuando le pregunté si es que el microondas estaba roto y lo habían llevado al técnico a reparar, se extrañó muchísimo: ¡no sabía lo que era un microondas! Y me dijo que qué imaginación tenía, que los únicos hornos que existían eran los de toda la vida, los de cocinar el bizcocho.

La verdad es que daba gusto que las anécdotas las contara Ana, porque era tan expresiva y representaba con tanta inten-sidad lo sucedido, que parecía que tú mismo lo estabas viviendo.

—A mí me sucedió algo parecido, pero el mismo sábado, después de que mi madre hiciera palomitas —expliqué—. Ayer

38

pregunté a mi padre y a mi abuelo por el microondas, pero nada. No saben lo que es y creen que les estoy tomando el pelo.

—Jolín, eso es muy raro —dijo Carlos, arrugando el papel de aluminio del bocadillo que acababa de terminar—. En cuanto llegue a mi casa miro en la cocina a ver si está el dichoso horno.

—¿Creéis que el inventor tiene algo que ver con la desaparición de los microondas? —preguntó Lucas en voz alta. No se dirigía a nosotros, sino que miraba hacia afuera de la verja, con expresión preocupada.

—¿Cómo podría ser eso posible? —Carlos estaba intrigado.

—No lo sé, pero lo cierto es que, desde que ha llegado ese tío, están pasando cosas muy raras y sería demasiada casualidad, ¿no os parece?

De repente, el estruendo de un megáfono a todo volumen interrumpió nuestra conversación. Era la ya familiar música de fanfarria que precedía a la caravana de Saturno Luna. Todos los chicos y chicas del colegio nos apiñamos junto a la verja, justo a tiempo para ver pasar el vehículo del cientimago. Los altavoces convocaban de nuevo a todos los habitantes de Curmia.

"¡Vecinos de la muy noble villa de Curmia!", se escuchaba. "Tenemos el placer de anunciarles que, una vez obtenido el generoso permiso del Excelentísimo Alcalde, don Evaristo Polo, el Profesor Saturno Luna se ha instalado temporalmente en las dependencias de la vieja fábrica de jabones y otros derivados de la sosa, ubicada al pie de la Colina Bermeja". Inmediatamente reconocí a quién pertenecía aquella voz: era Urano Titán quien hablaba. "A partir de hoy, y por un tiempo limitado, el prestigioso cientimago, galardonado en tres ocasiones con el compás de oro de la Universidad de Händelberg, estará a su disposición en el citado domicilio para responder a cualquier solicitud o requerimiento de sus sin duda extraordinarias habilidades científicas, mágicas y lógicas".

Cuando la furgoneta del inventor aún no había desaparecido por la esquina de la calle, sonó el timbre del recreo. Yo tenía examen de matemáticas, así que salí corriendo de nuevo sin apenas despedirme de mis amigos.

—¡Luego hablaremos! —les grité ya a medio camino.

Nunca entendí cómo mi profesor de matemáticas, que se llamaba Luis, era capaz de poner exámenes ya en el primer mes de clase. Al fin y al cabo tampoco se había acumulado tanta materia como para empezar a evaluar nuestros conocimientos. En aquella ocasión, sin embargo, el examen tendría que esperar. Don Luis entró el último, cuando todos estábamos ya sentados en nuestros respectivos pupitres. Como soy bastante nervioso, yo aún me afanaba en repasar algunos problemas que creía que podían salir en la temida prueba.

—Escuchad —dijo, en tono muy serio, nuestro profesor—. Ha ocurrido algo muy importante y tengo que ausentarme, así que hoy no habrá examen. El próximo día os comunicaré cuándo lo haremos, ¿vale? Eso es todo lo que os puedo decir por el momento. Ahora os vais a quedar solos en clase hasta el final de la mañana, porque no hay profesor que me sustituya. Pero mucho cuidadito con armar jaleo, porque en el resto de clases están trabajando, y al menor ruido otro profesor viene y os castiga a todos, ¿habéis entendido?

Dicho esto salió del aula, dejando la puerta cerrada. Nosotros nos quedamos mirándonos con cara de tontos; no entendíamos nada. En unos minutos habíamos pasado de la inquietud previa a un examen a la incertidumbre de quedarnos solos en clase, sin saber muy bien qué estaba pasando. Tal vez la explicación fuera muy sencilla: seguramente don Luis tenía que ir al médico, o su mujer se había puesto de parto, o lo habían llamado con cualquier otra urgencia de índole familiar.

Pero lo cierto era que, como bien había observado Lucas un rato antes, en el corto plazo de tres días estaban sucediendo cosas muy extrañas, una detrás de otra.

Los primeros minutos de soledad los pasamos, como he dicho, mirándonos unos a otros, compartiendo mudas sonrisas y muecas de incredulidad. Poco a poco el silencio de la sorpresa inicial dio paso a las primeras risitas, éstas a los susurros y aquéllos a las conversaciones a voz en grito de punta a punta del aula. En poco más de un cuarto de hora, en clase se había desencadenado una algarabía de proporciones olímpicas: los papeles volaban, las carcasas de los bolígrafos se transformaban en peligrosas cerbatanas e incluso Sandra, la niña del pupitre de atrás, que era bastante tranquila, aprovechó la ocasión para darme una colleja.

Ante este panorama descontrolado Marcos, el delegado de clase, se había puesto de pie junto a la pizarra e intentaba en vano recomponer la situación:

—¡Silencio! Ya vale, ¿no? —gritaba desesperado—. Va a venir La Cacatúa y se nos va a caer a todos el pelo.

Ni siquiera la alusión a "La Cacatúa", que era la Jefa de Estudios del centro, y que por su carácter áspero y autoritario inspiraba el más puro terror en todos nosotros, tuvo el menor efecto. Pero de pronto escuchamos los pasos de alguien que corría por el pasillo hasta nuestra puerta, y el tiempo pareció detenerse; hasta los más osados corrieron de nuevo a sus pupitres. Como si de una película de suspense se tratara, todos aguardamos en vilo, observando cómo el pomo de la puerta giraba y ésta se abría muy lentamente para mostrar a... Lucas, que apareció sonriendo: sabía que nos había dado un buen susto.

Los murmullos regresaron, y todos nos lanzamos en tromba a preguntarle: "¿Qué pasa? ¿Cómo has venido en plena clase? ¿No te ha visto La Cacatúa? ¿Y don Fernando?". Las cuestiones, todas muy parecidas unas a otras, se amontonaban.

—No hay nadie —dijo Lucas—. Se han ido todos los profesores, y han dejado las clases vacías.

—¡Qué dices! —exclamó Sandra, incrédula.

—¡No puede ser! No nos engañes, Lucas —dijo Marcos empujando a mi amigo, que se encogió de hombros.

—Míralo por ti mismo. No está ni Serafín, el conserje.

Una riada de niños y niñas, que se desbordó literalmente por los pasillos como si hubiesen abierto las compuertas de una presa, cortó nuestra conversación. La mayoría de la clase se unió a la marabunta, dejándonos solos a Lucas y a mí.

—He quedado fuera del colegio con Carlos y Ana —dijo.

Yo aún estaba perplejo.

—¿Qué ha pasado, Lucas? —pregunté.

Mi mejor amigo se sentó en el pupitre más cercano a la puerta con semblante serio y, durante unos segundos, no dijo nada; como no era tan elocuente como Ana, solía tomarse su tiempo para explicar bien las cosas.

—Pues mira, estábamos en clase con don Fernando y yo he pedido permiso para ir al servicio que hay junto al patio. Cuando estaba a punto de volver, he escuchado a don Luis y a don Fernando por el pasillo. Parecía que se iban.

—¿Se iban? ¿Y a dónde?

—Iban a la Colina Bermeja, a la vieja fábrica de jabón.

Me quedé tan sorprendido que no pude articular la pregunta que quería hacer, pero Lucas se dio cuenta y contestó igualmente:

—A ver a Saturno Luna.

Capítulo 4
EN LA ÓRBITA DE SATURNO

Esperamos un poco a que finalizara la riada infantil y nos reunimos con Carlos y Ana junto a la verja, pero esta vez en el exterior. Tras el estupor inicial, y luego de un pequeño cambio de impresiones, emprendimos camino hacia la vieja fábrica. Todo indicaba que nuestros profesores no eran los únicos atraídos por la oferta de Saturno Luna: las calles estaban vacías, y sólo se podía ver de pasada algún coche a lo lejos, por las avenidas y rotondas que aún no había recorrido la caravana.

No tardamos en llegar a la colina. En la primera calle que ascendía por ella se distinguía perfectamente la vieja fábrica, aunque parecía completamente nueva. La fachada había sido pintada con un sinfín de estrellas y planetas sobre un fondo morado, similar a la carrocería de la caravana. En la puerta de la valla exterior lucía un gran cartel, igual de colorista, con la conocida leyenda: "Saturno Luna. Hombre de Ciencia, Mago Racional e Inventor".

—¡Es increíble! —exclamó Ana—. La fábrica estaba casi en ruinas, ¿cómo han podido arreglarla así en un par de días?

En la puerta de la fábrica, un buen número de personas hacía cola esperando su turno para hablar con el inventor.

—Bueno, no os quedéis ahí parados, zoquetes. Vamos a entrar, ¿no? —dijo un impaciente Lucas.

—¿Entrar? Lucas, está lleno de personas mayores. No hay ningún niño por aquí, al menos que yo vea. ¿Cómo vamos a entrar sin llamar la atención? —pregunté.

—Yo sé cómo hacerlo —dijo entonces Ana—. Seguidme.

—Esperad, ¿adónde vais? —dijo Carlos, al que no le gustaban demasiado las aventuras. Pero ya era demasiado tarde, nosotros tres estábamos en camino y no tuvo más remedio que seguirnos.

Evitamos la fábrica dando un rodeo por algunas calles cercanas. De esta forma pudimos aproximarnos por la parte de atrás.

—Como me imaginaba —dijo Ana entornando sus enormes ojos verdes—, esta parte no está tan bien restaurada como la de delante. Al menos por ahora. Mirad, por aquí la valla está rota y se puede pasar.

—¿Y tú cómo lo sabías? —preguntó Carlos.

—Porque este era el escondite de Inma y Raquel el año pasado. Si querías unirte a su banda tenías que venir aquí una tarde y meterte dentro. Entonces te contaban historias de miedo y si te ibas corriendo, no te dejaban jugar con ellas.

—Serán... —dije yo, pero no terminé la frase—. ¿Y tú lo hiciste?

—Es que me decían golfillo por ir siempre con vosotros. De todas formas eran tontas, siempre hablando de novios y cosas por el estilo. Las acabé mandando a la porra en unos pocos días.

—Por eso ahora no te hablan —adivinó Lucas.

—Bueno, por eso y porque a Inma le metí una rana en la cartera como regalo de despedida.

—¿Aquella vez que recorrió el patio gritando como una loca, y encima don Fernando la castigó? —todos nos mondábamos de la risa.

—En efecto. ¡Venga, vamos! Callad ahora un poquito.

Entramos a la fábrica por una nave de almacenes abandonada. Subimos una vieja escalera de hierro que crujía por nuestro peso y, la verdad, daba bastante miedo. Una vez en el piso de arriba, recorrimos varios pasillos de oficinas abandonadas hasta llegar a la nave principal y salimos del pasillo por una puerta que daba a una gran plataforma, justo encima de Saturno Luna y su recién montado laboratorio. Era como si estuviésemos en el palco de un teatro contemplando la función.

Bajo nosotros se extendía una variopinta exposición de máquinas, microscopios, grandes cajas de metal cuyo contenido era imposible de adivinar, matraces, tubos de ensayo, ordenadores nuevos, otros ordenadores abiertos y prácticamente desguazados, piezas electrónicas y mecánicas de todo tipo, una estantería repleta de tarros de diferentes tamaños con un líquido viscoso de diferentes colores, libros que parecían nuevos, enciclopedias antiguas y llenas de polvo, herramientas que iban desde un sacacorchos hasta una taladradora inalámbrica y un sinfín de cachivaches más.

Saturno Luna trabajaba en medio de este caos. Se había despojado de la levita; en su lugar llevaba una bata de tela, también morada y con estrellas. Se había quitado el sombrero, y así pudimos comprobar que, pese a su eléctrica melena, la parte superior de la cabeza la tenía completamente calva. Visto desde arriba, su alargado melón parecía una isla cubierta de vegetación en la periferia y desierta en el centro. Se había colocado también unas gafas redondas especiales, cogidas con un elástico negro, como las que utilizaban antiguamente los pilotos de la Segunda Guerra Mundial. Estaba examinando un aparato con suma atención.

—Mmm, un invento interesante este "mando a distancia". Con él es posible accionar un televisor, cambiar de canal, manejar el volumen y todas sus funciones. Y por lo que parece es posible adaptar la idea a otros aparatos. Interesante. Muy interesante —levantó el mando y lo colocó a la altura de sus ojos. Lo acercó tanto que parecía que se lo iba a meter por la nariz, y entonces se quitó una de las lentes de la gafa para observarlo directamente—. Sí señor. Los habitantes de la

Realidad 3.526 van a alucinar con esto. Tal vez a ellos les coloque también el microondas.

Todos dimos un respingo al oír que se refería al aparato que había dejado de existir —aunque hablaba flojo, desde donde estábamos podíamos escucharlo perfectamente—. Pero no dijimos nada, ni siquiera lo comentamos entre nosotros, porque nos temíamos que en cualquier momento nos podría descubrir. En ese momento entraron por delante Urano Titán y Venus Io.

—¿Ya estáis de vuelta? —preguntó Luna, aún absorto en el aparato.

—Sí, hemos recorrido toda la parte sur de la ciudad, hasta el centro —contestó Urano.

—¿Y bien? ¿Habéis pastoreado un buen rebaño?

—Desde luego —dijo Venus—. Éxito total. Todos los adultos de la zona de influencia están intensamente sugestionados, hasta el punto de dejar plantadas sus obligaciones.

—¡Digo! —continuó el enano, en tono jocoso—. Fíjese que un guardia de tráfico que estaba poniendo una multa, ha perdonado al infractor y ambos se han venido para acá.

—Increíble. Parece que esta gente es muy influenciable —apuntó el científico.

—Desde luego, aquí no se va a repetir el chasco que nos llevamos en la Realidad 2.728 —terminó Urano.

—¡Calla, calla! No me lo recuerdes. Qué gente tan desagradable.

—Hay ya un montón de gente en la puerta esperando verle —dijo Venus, asomándose a través de la persiana exterior—. ¿No se había dado cuenta?

—Yo siempre me doy cuenta de todo, querida. Pero os estaba esperando para que ordenarais un poco la audiencia.

El cientimago volvió a ponerse su indumentaria oficial, levita y bombín incluidos, se colocó junto a una gran mesa rectangular en el centro de la sala que estaba más despejada de chismes que las demás y, de un manotazo, barrió todos los aparatos y piezas que quedaban sobre ella.

Sus ayudantes abrieron las puertas de la fábrica y comenzó a entrar la gente del pueblo. El primero fue el alcalde, al que Luna recibió con una reverencia.

—¡Excelentísimo señor! Es un placer tenerle con nosotros. Dígame, ¿tiene interés en algo en particular? ¿Podría yo serle de ayuda?

—Pues no sé, señor Luna, la verdad —dijo el orondo edil, rascándose la cabeza—. ¿Su mercancía va por catálogo o algo?

El cientimago estalló en una carcajada tan grande que tuvo que apoyarse sobre la mesa para no caer redondo al suelo.

—¿Catálogo? Qué cosas tiene usted, querida bola gigantesca con forma humana. Sin duda, y entienda que mi comentario no está exento de admiración, su cerebro es una masa parecida al puré de patatas; por tanto, no me ofende la estupidez de su pregunta. Yo no tengo catálogos, muy señor mío, pues cada uno de mis útiles e inventos es un producto único fruto del genio, y no de la gris estandarización de la industria.

El alcalde lo miraba con expresión interesada, sin que pareciera importarle el tono de desprecio utilizado por el inventor.

—Entiendo, entiendo. Entonces... —continuó, rascándose de nuevo la cabeza—. No sé, lo cierto es que no sé qué puedo necesitar.

De repente Saturno dio un salto, se sentó sobre la mesa con las piernas cruzadas y, alargando sus brazos, cogió fuertemente al alcalde por las mejillas.

—¡Eso es! ¡Eso es! Querido amigo, a menudo no saber qué se quiere puede representar el deseo más absoluto de todos. Porque el que no sabe lo que quiere, en realidad lo quiere todo. ¿No es así, pelotín? —él mismo, que mantenía agarrado a su interlocutor por la cara, subió y bajó la cabeza de éste en señal de asentimiento.

El inventor se quedó unos segundos callado e inmóvil, pensando quién sabe qué. Finalmente, enarcó una ceja y sonrió.

—Creo que tengo lo que necesita —dicho esto, chasqueó los dedos, bajó de la mesa de un nuevo salto y se dirigió hacia la parte trasera, donde se amontonaban sus inventos, cubiertos con sábanas.

Regresó con un pequeño artefacto, parecido a una cámara de vídeo. Con mucho cuidado, lo colocó sobre la mesa.

—Bueno, don Evaristo. Como dicen por aquí "lo estamos dando, lo estamos regalando". Dado que usted lo quiere todo, he aquí el invento definitivo, que sólo entrego a personas muy determinadas en cada una de las localidades que visito: el Absolutrón, también conocido como Conseguidor de Todo. Como un Saturno Luna portátil, vamos.

—¿Quiere usted decir...?

—Quiero decir que con esto, en el hipotético caso de que su inteligencia le permita formular de forma correcta sus deseos, usted puede hacer realidad lo que quiera. Pruebe. Formule un deseo y haga girar esta manivela —dijo Luna, señalando un pequeño mecanismo en la parte derecha del invento.

El alcalde cogió el aparato y lo acercó hacia la zona de la mesa donde él estaba. Pensó durante unos instantes, luego dijo "Sandwich de queso" y seguidamente accionó la manivela. Un brillante haz de luz blanca se proyectó de lo que parecía una lente en la parte frontal del aparato, y como por arte de magia se materializó un humeante y exquisito sandwich.

—No puedo creerlo —decía, mientras daba cuenta del bocadillo en un par de bocados—. Realmente está buenísimo.

—Muy bien, señor Polo. Aquí tiene, entonces, un invento a su medida. Ahora hablemos de cómo me va a pagar mis servicios.

—Por supuesto. Pídame lo que quiera. ¿Seis mil euros? ¿Doce mil?

El mago volvió a coger al alcalde, esta vez por los hombros.

—No tenga prisa, querido amigo. No tenga prisa. No me interesan cosas tan vulgares como el dinero... si me interesara, ¿no cree que fabricaría una máquina capaz de teletransportar todos y cada uno de los lingotes de oro del Banco Central hasta aquí? De hecho no la he inventado para usted porque su corta mente no ha caído en esa posibilidad y no me lo ha pedido.

El alcalde, que no soltaba la máquina del inventor, lo miraba con extrañeza.

—Mi precio o, mejor dicho, el precio de la máquina que le he entregado —continuó el cientimago— es sumamente bajo; ya nos vamos conociendo, y usted sabe que la humildad y la sencillez son mis dos cualidades definitorias. Sólo le voy a pedir que, en ciertas ocasiones en el futuro, a la hora de decidir como alcalde de Curmia tome en cuenta mis sugerencias. Tan sencillo como eso.

—¿Y ya está? ¿Sólo eso?

—Sólo eso, pequeño hombre esférico. Estará de acuerdo en que se trata de un precio insignificante al que, por otra parte, estará usted acostumbrado. Más de un constructor le habrá venido con una propuesta semejante a cambio de un mísero ático...

El alcalde carraspeó, y Luna, astuto, cambió de tercio.

—Pero bueno, dejemos los precedentes aparte. ¿Hay trato, señor alcalde? Piénselo bien, porque los tratos con Saturno Luna nunca se deshacen.

—Trato hecho —contestó sonriente su interlocutor, dándole la mano.

El alcalde salió satisfecho, portando bajo el brazo una caja que contenía su invento, y Venus Io dio paso a otro vecino de la larga cola que ya se había formado en la puerta.

A nosotros se nos estaba haciendo tarde, y con sigilo abandonamos nuestro escondite con intención de regresar a nuestras casas. Pero al acceder de nuevo a los pasillos que conducían a la nave almacén, una voz sonó a nuestra espalda:

—¿Adónde vais, cachorros? —era Urano Titán—. No es educado espiar a los nuevos vecinos, ¿no os parece?

Nuestra reacción fue inmediata: echamos a correr despavoridos. En especial Carlos, que no sé cómo, porque siempre suspendía Educación Física, nos adelantó a todos y una vez en la escalera de hierro bajaba los peldaños de tres en tres. Salimos del recinto de la fábrica por el mismo sitio por el que habíamos entrado, corrimos unos metros calle abajo y nos paramos un momento, resoplando y sudando como pollos. Casi no nos salía la voz del cuerpo.

—Oye, ¿habéis visto a ese tío? —advirtió Lucas, señalando a un hombre que, desde detrás de la fábrica, nos miraba.

Se trataba de otro personaje igualmente extraño, al que no habíamos visto todavía. Era un hombre muy mayor, de más de sesenta años, muy alto y delgado, de cara y nariz afiladas. Llevaba su larga melena blanca recogida en una cola de caballo y vestía de negro absoluto: traje, camisa, zapatos. Examinó durante unos instantes la valla rota y echó a andar hacia nosotros.

—¡Es uno de ellos, seguro! —gritó Ana, aterrorizada.

—Bueno, pues yo no me quedo a conocerlo. ¡Tengo el cupo de "amigotes" cubierto por hoy! —dijo Carlos, y salió de nuevo corriendo calle abajo—.

—¡Carlos, no seas miedica, vuelve! —gritó Lucas; pero lo cierto es que todos habíamos empezado a correr detrás de Carlos, incluido él mismo.

Capítulo 5
EL OTRO EXTRAÑO

Llegados a un punto nos separamos en diferentes direcciones; yo llegué a mi casa en tiempo récord —era una lástima que aquel día no estuviese cerca el profe de gimnasia, nos habría dado un sobresaliente— y descubrí, con sorpresa, que no había nadie. Ni siquiera mi abuelo, que sólo salía por las tardes para ir a jugar una partida de dominó al bar de su amigo Melquíades. ¿Por qué aquel día estaba fuera a la hora de la comida? Una sombra de sospecha me atenazó el corazón.

La primera en aparecer fue mi madre, que llevaba en brazos una gran caja.

—Hola, Gonzalo —dijo—. ¿Qué tal el cole?

—Bien —mentí—. Luego te cuento. ¿Has salido tarde del trabajo?

—Pues lo cierto es que no. Hoy hemos cortado antes para ir a la Colina Bermeja, a ver...

—A Saturno Luna —interrumpí—. ¿Y has podido verle?

—Claro que le he visto. Menudo hombre. Un genio total —contestó, mientras abría la puerta de casa—. Acaba de atenderme, y he conseguido esto: una vajilla que calienta instantáneamente la comida. Pones sopa fría en el plato y ¡zas! se calienta solo en cuestión de segundos.

—Vaya. Veo que has sido realmente ambiciosa a la hora de elegir —susurré en voz baja, para no enfadarla—.

Mi madre sacó croquetas congeladas de la nevera y se pudo a improvisar la típica comida de emergencia de los días en que llegaba tarde. Yo me senté en el sofá, dispuesto a ver la tele un rato, pero no encontré el mando a distancia por ninguna parte. Resignado, me levanté y encendí el televisor desde el propio aparato.

Al poco llegó mi abuelo, con una sonrisa de oreja a oreja.

—¡Buenas tardes, familia! Venid un momento a la calle y veréis lo que le he comprado al inventor.

Ni mi madre ni yo sentíamos especial curiosidad; ella porque estaba cocinando a toda prisa y yo porque estaban emitiendo mi serie de dibujos preferida. Aun así, salimos a ver qué invento había adquirido mi abuelo.

—¿Veis? —dijo, señalando sus pies—. ¿Qué os parece?

Llevaba puestas unas zapatillas de deporte con alas, como las que habíamos visto en televisión; parecía que se hubiera calzado dos palomas. Mi madre soltó una carcajada.

—Papá, ¿adónde vas con eso? ¿Qué es, parte de un disfraz de Mercurio? ¿O vas a ser el hombre anuncio de una mensajería?

—Calla, boba, y mira a tu padre —dijo mi abuelo, con la poca paciencia de costumbre.

Comenzó a caminar pausadamente, como siempre, pero de alguna manera avanzaba más de lo normal. Su ritmo no era superior al del paseo de un anciano, pero se deslizaba hacia adelante como montado en una cinta transportadora. En cinco o seis zancadas cruzó toda la calle, más de 30 metros. Era gracioso y alucinante a la vez; ni mi madre ni yo pudimos reprimir las carcajadas.

—Reíd, tontos, reíd —gritaba mi abuelo que, la verdad, también se estaba divirtiendo—. Pero estas navidades la Carrera del Pavo del Hogar del Pensionista la voy a ganar yo, vaya que sí.

Al final los tres acabamos riendo juntos, porque la situación era francamente divertida. Aquel breve momento de felicidad familiar disipó por unos minutos la intranquilidad que sentía desde la aparición de Saturno Luna, un extraño personaje ante el que me sentía indefenso por completo. Y no eran sólo sus pintorescos inventos, o lo que fuera en realidad todo aquello, lo que me producía desasosiego. Era el hecho de que hubiera seducido de tal manera a todos los mayores de Curmia. En circunstancias normales, habríamos sido los niños los primeros en caer hipnotizados ante el extravagante inventor y su elaborada parafernalia de estrellas, colores, música y magia. Pero no sucedió así; eran los adultos, con su fachada construida a base de seriedad y normas y compromisos sociales, los que habían sucumbido al encanto de Luna, ofreciendo un espectáculo al que los niños y niñas de la ciudad asistíamos sorprendidos. Qué digo sorprendidos: estupefactos.

Después los tres volvimos a entrar en casa, y mientras mi madre terminaba de aliñar una gran ensalada para compartir en el centro, mi abuelo y yo ayudamos a llevar a la mesa los platos con croquetas, patatas y huevos fritos. En ese momento llegó mi padre.

—Qué tarde, ¿no? —comentó mi madre mientras él le besaba en la mejilla.

—Pues sí, se ha hecho tarde, sí —respondió él, con tono evasivo.

—¿No cierra la biblioteca a la una? Qué pasa, ¿habéis ido al bar a celebrar algún cumpleaños o qué?

—Qué va, todo lo contrario. De hecho hemos cerrado antes.

—No me digas —continuó mi madre, divertida por el torpe disimulo de mi padre—. ¿Y qué has hecho?

—He ido a un sitio.

—¿A qué sitio? ¿Al hipermercado?

—No, no.

—¿A la Concejalía a por libros o algo así?

—No, tampoco. En realidad...

—Venga ya, yerno —interrumpió mi abuelo, que ya se había comido todas sus croquetas—. Has ido a la Colina Bermeja, dilo ya. Si yo estaba allí y te he visto en la cola. Lo que pasa es que ibas muy atrás y no iba a dejar mi puesto para ir a saludarte. Yo he llegado primero, alguna ventaja hemos de tener los jubilados, ¿no?

Todos le miramos sonriendo mientras mi padre, al que no le hacía gracia ser el centro de ninguna conversación, se rascaba la barbilla.

—Sí —reconoció—, he ido a la vieja fábrica de jabón, sólo por curiosidad. Y la verdad es que es un hombre fascinante ese tal Luna.

—¿Y no le has comprado ningún invento? —pregunté.

—Pues lo cierto es que sí, Gonzalo. Lo que pasa es que lo he dejado en el coche.

—¿Y qué es?

—Es un robot-ardilla. Bueno, no exactamente: es una ardilla real, que correteaba por los árboles que hay junto a la fábrica, a la que él ha injertado un microchip en el cerebro.

—Cariño, eso suena horrible —dijo mi madre con cara de asco.

—Lo sé, pero es increíble. Verás, es un bibliotecario auxiliar de categoría.

Los tres nos quedamos atónitos escuchando su explicación.

—Como oís —continuó—. Ordena cualquier volumen alfabéticamente, por autor, título o colección. Recompone las filas de libros si falta alguno. Pasa su cola, como si de un plumero se tratara, por pilas y pilas de volúmenes cubiertos de polvo... lo dicho: una maravilla.

En un sólo día mi abuelo tenía unas zapatillas con alas y mi padre se había asociado con una ardilla bibliotecaria. A estas alturas, daba gracias por tener una madre tan práctica que prefería una vajilla con propiedades térmicas —o autocalentante, como seguro que la denominaba Saturno Luna—.

Tras sorprendernos con el invento, mi padre cambió de tema:

—Bueno, a ver si vemos los deportes, ¿no abuelo? Gonzalo, anda, cambia de canal a ver si están las noticias.

—Ah, es verdad —contesté—, eso te quería preguntar, papá: ¿Dónde está el mando a distancia?

—¿Qué mando a distancia? ¿eso qué es?

Otro aparato cotidiano había desaparecido: precisamente el artefacto que Luna estaba examinando aquella mañana.

Durante los siguientes días la ciudad aparentó seguir su vida normal, aunque bajo esa máscara se ocultaba una frenética dinámica de inventos y desinventos. Las calles se poblaron de artefactos extraños: bicicletas resbaladizas con ruedas de gel, farolas iluminadas por un millón de luciérnagas almacenadas en el interior de sus focos, chimpancés parlantes que abandonaban su reclusión en el zoo y ahora dirigían el tráfico; todo era posible y todo cambiaba de un día para otro. Tan numerosos eran los nuevos inventos como los que desaparecían: al microondas y al mando a distancia pronto se unieron las linternas, los mecheros, los ordenadores y un largo etcétera. Miles de herramientas imprescindibles —o al menos, cotidianas— en nuestra sociedad desaparecieron en pocas jornadas, perdurando sólo en nuestro recuerdo, en la memoria de los niños. Pero ya se sabe: los niños, niños son, y nadie nos hacía caso cuando intentábamos decir que algo muy raro estaba pasando.

Todas las tardes mis amigos y yo nos juntábamos de nuevo en la Plaza Mayor y poníamos en común nuestras anécdotas, en las que los curiosos inventos habían cedido su importancia a los desinventos, porque era mayor nuestra añoranza de lo que desaparecía que nuestra sorpresa por lo que llegaba a nuestras vidas de manos de Saturno Luna. A esos encuentros se fueron uniendo otros compañeros del colegio, como Francisco, Lola y Javier. El primero iba a clase con Lucas y los dos últimos, conmigo. Los tres compartían nuestras inquietudes y, si bien al principio tomaron con reservas nuestra historia, estaban tan inquietos como nosotros por el asunto de las desapariciones. Por tanto, el número habitual de la pandilla se había ampliado a siete el día en que, por fin, conocimos al nuevo extraño que tanto temor nos había producido. Era una tarde tranquila que casi parecía de verano; el clima era apacible. Al menos eso no había cambiado con la llegada de Saturno Luna, y los días seguían siendo claros, soleados y el cielo de un azul intenso, a pesar de que el otoño, tarde o temprano, acabaría abriéndose paso. Nuestra conversación, cómo no, giraba en torno al inventor:

—Creo que ahora ha limitado el horario de atención al público en la fábrica de jabón:

sólo recibe a gente lunes y martes, y el resto de la semana lo dedica a realizar los inventos que le han pedido... o que le pedirán, porque el tío parece que sabe de antemano qué quiere la gente —comentó Carlos.

—Habrá tenido que hacerlo por la avalancha de los primeros días —añadió Javier.

—Y el caso es que el tío es simpático en apariencia, pero en realidad es un grosero de tomo y lomo. ¡Nunca había oído a ningún mayor hablarle a otro tan mal como él lo hace, burlándose de esa manera! —dijo Ana.

Lucas, que siempre escuchaba con atención y pensaba muy bien lo que decía, aunque fuese un simple matiz, apuntó:

—Tienes razón. Y lo curioso es que normalmente no les importa, le ríen la gracia y todo.

De pronto intervino una voz grave situada detrás nuestro:

—Veo que vais conociendo a Saturno Luna.

Era el extraño vestido de negro. Los siete nos quedamos congelados, menos Carlos, que hizo el gesto de echar a correr pero se quedó quieto al darse cuenta de que no íbamos a seguirle. El extraño se dirigió a él:

—No es que sepa lo que la gente quiere, muchacho, sino que a veces la gente quiere lo que él quiere que quieran, si me disculpas el trabalenguas.

—¿Y tú quién eres? ¿Eres uno de ellos? —preguntó Ana, que era la más valiente y rápida de todos nosotros. El extraño sonrió.

—No, no soy uno de ellos, aunque también vengo de lejos. Permitidme que me presente: me llamo Omar Kaplan.

—Y si no eres uno de ellos... ¿qué haces aquí? —Lucas también se animó a preguntar.

—Hace mucho que les persigo con la esperanza de detenerlos, aunque no sé cómo.

No soy tan listo como ellos... bueno, lo cierto es que no soy muy listo, a secas.

Tras aquella confesión, me di cuenta de que mi mundo estaba al revés, había dado una vuelta de ciento ochenta grados: allí estábamos nosotros, un escueto comité de niños, haciendo frente a la conducta infantil de todos los adultos que nos rodeaban. Y el tal Omar Kaplan, un hombre que encajaba con la descripción perfecta del malo de cualquier historia: oscuro, reservado, siniestro incluso. Para completar el cuadro teníamos a Saturno Luna y sus secuaces, seres luminosos y coloristas que ocultaban en realidad una madeja de tenebrosas intenciones.

—Señor Kaplan —intervino Francisco— ¿está relacionado el Profesor Luna con las desapariciones de inventos? Porque hay cosas que desaparecen, ¿verdad? ¿O nos hemos vuelto locos nosotros?

—Por supuesto que desaparecen, y la única causa de que eso suceda es Saturno Luna. Por lo que yo sé, Saturno es un ser tan antiguo como el propio universo en el que vivimos. Y desde hace miles de años viaja de mundo en mundo, haciendo desaparecer inventos y creando otros más o menos absurdos. Lo sé porque yo lo he visto.

—Usted no es tan viejo —interrumpí—. Ni Luna tampoco.

—Gracias por el cumplido, joven, aunque ya deberías saber por tu experiencia de los últimos días que pocas cosas son lo que parecen —al decir esto, clavó su mirada en mí y reparé en el negro absoluto de sus pupilas. Parecía que dentro de sus ojos había un océano de oscuridad... o de vacío.

—¿Y qué gana Luna con todo esto? —cuando vino a preguntar Lola, la conversación ya se había convertido en un auténtico interrogatorio. A Kaplan le hizo gracia la pregunta, porque sonrió de nuevo.

—En muy pocos mundos se expresa el bienestar en términos de ganancia o pérdida, de riqueza o pobreza; el vuestro es uno de esos pocos —contestó paciente, como un maestro que habla a sus alumnos—. Es difícil, querida, saber qué beneficio obtiene con sus actos. Hay quien dice que pura satisfacción del ego, sentimiento que entenderás mejor cuando seas un poco mayor. No faltan quienes afirman que los inventos que hace desaparecer en un sitio los materializa como propios en otro, incluso que tiene una gran fortaleza más allá del tiempo y del espacio donde acumula todos y cada uno de los inventos del ser humano. Como nada está confirmado, eres libre de elegir tu versión.

Por último Lucas, como siempre, dio en el clavo:

—¿Y cómo es posible que sean los adultos los que caen en su hechizo y no los niños? ¿Por qué ellos olvidan lo que desaparece y nosotros no? No es lógico.

—¡Bravo! —exclamó Kaplan, señalando a Lucas con su dedo índice—. He ahí la cuestión, muchacho: no es lógico, y así es como funciona en realidad su cacareada "cientimagia". Él se llama a sí mismo Mago Racional, pero no es más que otra de sus mentiras. Su magia es pura irracionalidad, funciona porque es ilógica. Y esto los niños lo captáis a la primera: Saturno habla vuestro lenguaje y no puede engañaros. ¿Pero y a vuestros padres? ¡Amigo, eso es otra historia! Vosotros sois niños y no sabéis exactamente qué son los adultos. Pues os lo voy a explicar: los adultos son... niños. Niños que han crecido y han enterrado sus verdaderas ilusiones bajo un manto de normas, corrección, educación, tareas, deberes. Niños que desean desesperadamente volver a su infancia, a un tiempo de irresponsabilidad y diversión sin límites, de tazones de cereales y de chocolate a media tarde sin tener que preocuparse por la dieta. Por eso son muy vulnerables a las propuestas de felicidad y facilidad de Saturno Luna. Él, que es muy hábil en el arte de la manipulación, se introduce en su inconsciente y acaba apoderándose de sus mentes por completo.

La explicación del extraño nos dejó desolados, sin habla. La cosa cada vez pintaba peor.

—Por si no queréis creerme, os contaré mi propia historia. Os puedo asegurar que es verdadera; se trata de mi vida, así que no os riáis.

No era momento de risas. Los siete seguíamos en silencio, y ni siquiera un bombardeo hubiese podido distraer nuestra atención.

Capítulo 6

LA HISTORIA DE OMAR KAPLAN

Como ya he explicado, yo era joven cuando la caravana de Saturno Luna llegó a mi mundo. Hacía tiempo que había dejado de ser un niño; quizá me consideraba a mí mismo adulto, pero sin duda carecía de la madurez suficiente para ser incluido en esa categoría. El mundo en el que yo vivía era muy parecido al vuestro: los nombres, los paisajes, la tecnología, los idiomas en cada zona geográfica. Algo más ordenado y preocupado por las normas, es cierto, pero muy similar. De hecho, hay quien teoriza que se trata del mismo lugar: según estos sabios habría distintas versiones dimensionales del planeta Tierra, y el embaucador Luna viaja de una a otra, dispuesto a saquearlas todas.

Yo no lo sé, no soy científico. Bueno, a estas alturas ya no sé muy bien lo que soy, la verdad.

Por aquel entonces yo pasaba mis días encerrado en mi cuarto estudiando para presentarme a unas oposiciones de vice-burócrata de grado tercero, un interesante y desocupado puesto en la administración que me iba a garantizar la estabilidad total de por vida. Ese fue el motivo de que la llegada de Luna y sus secuaces me pasara desapercibida: apenas si salía para comprar algunos víveres imprescindibles, y ni veía la televisión ni escuchaba la radio. No sé si tenéis de eso aquí, pero las oposiciones a Burócrata, Viceburócrata y Secretario Primero Adjunto requieren varios años de estudio y concentración exclusiva. Es preciso memorizar y dominar con fluidez varios tomos de normativas, decretos y reglamentos de diversa índole y materia; unos contenidos tan aburridos que una vez mantuve un mismo bostezo, sin cerrar la boca, más de tres cuartos de hora.

Durante los años de preparación, acceder a cualquier entretenimiento era peligrosísimo, pues suponía una irresistible tentación para el aburrido estudiante que, irremediablemente, dejaba los libros y acababa dedicándose a cualquier otra cosa. Recuerdo que un amigo mío, Álvaro Avalón, encendió una mañana la tele por error al apoyarse sobre el mando a distancia que había sobre su mesa de estudio y vio diez minutos de dibujos animados. Estaba perdido. Tras más de un año de reclusión y aburrido análisis de artículos y preceptos legales, se divirtió hasta que las lágrimas se desbordaron por sus pálidas mejillas, cerró los mamotretos y se convirtió en dibujante de tebeos, actividad mucho más insegura y menos lucrativa que la carrera burocrática.

Pero vuelvo a mi historia: una noche, intentando comprender y retener los matices de una reforma legal contenida en un código de leyes procesales, el aburrimiento llegó a tal extremo que mi corazón se paró: dejó literalmente de latir. Al día siguiente por la tarde, doña Emilia, una vecina que solía ayudarme en las tareas domésticas, me encontró tendido en el suelo sin vida como un muñeco de trapo. Completamente histérica, comenzó a gritar llamando la atención de todos los residentes del bloque que, uno a uno, acudieron a ver qué había sucedido.

Don Pedro, médico y vecino del quinto, diagnosticó la parada cardiorrespiratoria causada por tedio mortal —con agravante de desesperación profunda— y explicó a los asistentes que mi corazón no iba a latir de nuevo.

—Es una pena —decía— porque el resto del cuerpo está estupendo. Parece que el shock ha ralentizado cualquier síntoma de deterioro; si me hubiese traído un corazón de repuesto de los que tengo en mi consulta, se lo habría cambiado ahora mismo y ya estaría hablando con nosotros de nuevo, tan aburrido como siempre, el pobre.

—¿Y por qué no buscamos uno? —preguntó otro vecino que siempre iba en bata y de cuyo nombre no puedo acordarme.

—¿A estas horas? El hospital ya está cerrado, amigo mío; usted sabe tan bien como yo que el reglamento municipal prohíbe ponerse enfermo, bajo ningún concepto, después de las seis de la tarde. ¡Vaya un viceburócrata que iba a ser este tipo, si incumplió una normativa de primera categoría como esa!

—Entonces el pobre muchacho va a morir, ¿no es así? —preguntó, con los ojos llenos de lágrimas, doña Emilia.

—Es inevitable, sí —afirmó resignado el doctor.

—Aún podemos hacer algo —dijo una voz tras ellos. Era Antonio Senda, un vecino del entresuelo con el que compartí mis últimas juergas, antes de convertirme en opositor—. Podemos pedir ayuda a Saturno Luna.

—¿Ese magucho que se ha afincado en una gran carpa en la Plaza Mayor? —preguntó con cierto desprecio el médico.

—Sí; y no será sólo un "magucho", cuando usted le encargó y compró el bisturí electromático que ahora utiliza, ¿o acaso me equivoco? —replicó Antonio con sorna.

El médico carraspeó y se ajustó la corbata, en un torpe intento de disimulo.

—Muy bien, muy bien. Si ustedes quieren, visitaremos al cientimago.

La expedición se organizó muy rápidamente; entre varios hombres y doña Emilia, que duplicaba el tamaño y fuerza de cualquiera de ellos, me envolvieron en una sábana y bajaron la escalera con cuidado, pero sin poder evitar que me diera varios coscorrones contra la barandilla en cada uno de los rellanos. Como si yo fuera el paso de una procesión me llevaron por las intrincadas calles de la ciudad hasta la Gran Plaza, donde una gigantesca carpa de color morado tapizada de estrellas y planetas esperaba a la comitiva. A pesar de que había gente haciendo cola a la espera de realizar sus encargos personales al inventor, el compañero de éste, ese enano llamado Urano Titán, advirtió la llegada del grupo de vecinos y, dispersando la cola, nos dio total preferencia. De este modo nos encontramos enseguida frente a Saturno.

—¡Buenos días! —exclamó, abriendo los brazos, el supuesto mago racional—. Pero, ¿qué tenemos aquí? Un joven valiente con el corazón inerte, ¿no es así?

—Efectivamente, señor Luna —respondió don Pedro, que se había convertido en portavoz del grupo—. He dictaminado que la parada se produjo ayer, unos minutos antes de la medianoche. Pero lo extraño es que el cuerpo sigue intacto, sin deterioro alguno.

—Por supuesto, estimado doctor. Tal vez desde una perspectiva exclusivamente científica usted no pueda comprenderlo, pero la luz de la magia racional no deja lugar a sombra de duda: no es lógico que este joven muera. No le corresponde, así que se resiste a fallecer. Así de simple.

—¿Y qué podemos hacer? —preguntó el médico intrigado.

—Ustedes nada; pero nada de nada, vamos. Carecen de los conocimientos, experiencia y medios imprescindibles para hacer frente a un caso semejante. Son ustedes cien por cien ineptos e inútiles, dicho sea desde el respeto y la cordialidad, por supuesto.

Mientras decía esto, Saturno Luna los iba empujando suavemente hasta la puerta.

—Vamos, vamos —decía—. Dejen trabajar a intelectos superiores. Ustedes vayan a ver la tele o a algún bar o, si lo prefieren, a idear alguna estúpida norma, si es que a su legislación le queda hueco, claro.

Una vez solo, con mi cuerpo yacente sobre una gran mesa, Luna abrió mi camisa y dejó el pecho al descubierto.

—Mmm… mecánica, biología, un poco de improvisación y un viejo conjuro: mi combinación preferida —susurraba.

Siguió observándome durante un buen rato y luego llamó, en voz muy baja, a Venus, otra de sus ayudantes. Pero algo extraño pasó, y aquel susurro se expandió como una ola por todo el espacio de la carpa: lo que comenzó como algo apenas audible, se transformó en un grito atronador que rebotaba por aquel laberinto de máquinas imposibles, libros y ordenadores, tubos de ensayo y bolas de cristal. Finalmente alcanzó a su destinataria, que acudió junto a la mesa.

—Dime, Saturno —se ofreció, dispuesta.

—Querida, ¿sigues teniendo aquel corazón de sobra?

—Por supuesto, Saturno. Aquí lo tienes —dijo Venus, y accionando un mecanismo de su pecho, éste se abrió como si fuese el compartimento de las pilas de un juguete. Introduciendo su frágil mano palpó los dos corazones que tenía en su interior y extrajo uno de ellos, un mecanismo de relojería movido por toda una serie de tuercas y piezas.

Tomando entre sus manos el palpitante mecanismo, el inventor lo colocó en mi interior atravesando mi pecho como por arte de magia, sin cortes ni incisiones de ningún tipo. La carne cedió a su gesto como si se tratara de arena de playa. Seguidamente, dio unas palmaditas y dijo:

—Adelante, señor Kaplan.

Al abrir mis ojos de nuevo, lo primero que vi fue el rostro angelical de Venus Io junto al profesor Luna. Y aunque nunca sabré si la culpa fue de la naturaleza mecánica y extraña de mi nuevo corazón, lo cierto es que me enamoré de ella al instante.

—¿Cómo... cómo sabe mi nombre? —pregunté, aún semiconsciente.

—No me subestime, querido Omar —contestó Luna con cierta satisfacción—. ¡Yo sé el nombre de todo el mundo!

Por supuesto, desde ese mismo instante, las molestas oposiciones fueron para mí algo obsoleto, parte de mi pasado. Los días y meses siguientes los compartí con la hermosa Venus Io y con sus compañeros. Por aquel entonces estaba convencido de que el amor que me embargaba era mutuo; ahora no lo sé, porque no sé si ninguno de ellos puede amar. Trabé también amistad con Urano Titán, y mantuve una relación de relativa cordialidad con Saturno Luna, aunque siempre hubo algo en él y en su manera de mirar y tratar a la gente, como si conociera hasta el más íntimo de sus deseos, que me desagradaba.

Y sin embargo, él dio por hecho que yo sería un nuevo miembro de su extraño equipo, porque el corazón de Venus me había convertido en inmortal. Envejecí algo, sí, hasta dejar atrás la juventud e incluso la madurez. Pero una vez llegado al aspecto que tengo ahora, mi físico se ha mantenido estable durante siglos. Por qué Urano, Venus y el propio Saturno parecen más jóvenes que yo lo desconozco, como desconozco su verdadera naturaleza.

Pero volvamos a la historia: Saturno Luna y sus colaboradores permanecieron en mi mundo durante más de cien años, y yo los acompañé. De esta forma pude contemplar de primera mano los estragos que iban haciendo dimensión tras dimensión, realidad tras realidad, mundo tras mundo. Su operatoria siempre es la misma: empiezan seduciendo a los mayores con sus extravagantes inventos y su extraordinaria fusión de la ciencia y la magia. Pero poco a poco sus inventos son más absurdos, por un lado, y conllevan la desaparición de los inventos autóctonos, por otro. Un siglo les basta para convertir un mundo en un erial de incultura y superstición.

Cuando ya habían agotado todas las posibilidades de mi mundo y se disponían a dar el salto a otro, me rebelé y me enfrenté a Saturno; una acción noble pero bastante inútil, por cierto. Me recluyó en una vieja mazmorra abandonada bajo tierra, donde nadie me encontraría jamás. Sé lo que estáis pensando: un destino horrible para un inmortal. Pero Venus se apiadó de mí, me rescató a escondidas de Luna y me entregó un Saltador de Realidades, uno de los primeros inventos de Luna, para que pudiera seguirles mundo tras mundo.

Y eso he hecho desde entonces: vuestra realidad es la vigésimo cuarta que ocupan, después de la mía, y yo he ido tras ellos una y otra vez observando, impotente, cómo llevaban los inventos de un lugar a otro donde, al final, carecían de todo sentido. Un par de veces me he encontrado con Venus, pero no hemos hablado más de quince minutos en todo este océano de tiempo.

Eso es todo. Pasarán unas décadas y vuestro pueblo se embrutecerá sin remedio. Artilugios de los que dependéis totalmente desaparecerán de la faz de la Tierra como si nunca hubiesen existido: el teléfono, la televisión, la electricidad misma, hasta el petróleo. En su lugar habrá discos cuadrados, pilas para radios que no se han inventado, pedales pero no bicicletas, trajes de astronauta para ir al fútbol y quién sabe si coches sin ruedas que les permitan desplazarse.

Podéis estar seguros de que nada me gustaría más que detener esto hoy, ahora, aquí. Pero no hay manera. Vengo, además, de un mundo en el que la imaginación era una facultad prácticamente desconocida, así que no esperéis que se me ocurra algo.

Capítulo 7
EL PLAN MÁS SENCILLO DE TODOS LOS TIEMPOS

La historia de Omar Kaplan nos sobrecogió tanto que estuvimos otro buen rato en silencio. Él, también callado, miraba al cielo que empezaba a oscurecerse. Sólo Lucas se atrevió a romper la quietud del momento:

—Pero... si como dice, usted estuvo medio muerto, ¿cómo es capaz de recordar todo lo que pasó mientras se encontraba en ese estado, conversaciones incluidas?

—Gracias a otro invento de Saturno Luna, el Recordatoriomatic —contestó Kaplan—. Venus Io sabía cómo manejarlo, y me ayudó a visualizar todo lo que me había sucedido, como si de una película se tratara.

—Y otra cosa: si como dice los niños siempre recordamos los inventos que existieron, ¿cómo puede volver el mundo a la edad de piedra?

—Aunque los niños no olviden, en una generación todo se olvida, amigo mío. Cuando desaparezcan los coches, tú recordarás qué es un coche... pero tú no sabes fabricar uno por ti mismo. Cuando tengas hijos, ni te molestarás en explicarle que hubo un día en que recorrías la ciudad en uno de esos vehículos, ¿para qué? Eso suponiendo que Saturno Luna no prolongue su estancia aquí hasta que seas adulto... en tal caso olvidarás otro montón de cosas.

La conversación se extendió un rato más; una por una, se fueron analizando las numerosas paradojas que provocaba la actividad del inventor, hasta que de repente Ana exclamó:

—¡Ya lo tengo!

Fue como una explosión de alegría, algo se le había ocurrido que la había puesto muy contenta.

—¿Qué es lo que tienes, niña? —preguntó Kaplan, impaciente.

—Un plan. Un plan con el que podemos solucionarlo todo —dijo ella.

—Estás tonta. —Lucas no parecía muy conforme de que el primero en formular una idea hubiera sido otro. Y encima, una chica— El señor Kaplan acaba de decir que lleva siglos intentando acabar con todo esto, ¿y tú has dado con la solución en unos minutos?

—Pues la verdad es que sí —contestó Ana desafiante, con los brazos en jarras—. ¿Tienes algún problema?

Y a continuación explicó su plan, una idea arriesgada pero bastante sencilla. Omar Kaplan escuchó toda la exposición muy atento, con sus oscuros ojos abiertos como platos.

—Yo creo que puede funcionar —afirmó—. ¿Cuento con vosotros?

Por supuesto que podía contar con nosotros. Al ver que la estrategia planteada por Ana era bien acogida por un adulto tan serio como Kaplan, todos nos apuntamos a colaborar para llevarla a cabo. Después de todo, era la única oportunidad clara de devolver a nuestro mundo a la normalidad.

El primer paso era formar dos equipos, pues debíamos dividirnos para conseguir dos objetivos muy diferentes. Fue difícil ponernos de acuerdo, ya que los que habíamos estado juntos desde el principio —Lucas, Ana, Carlos y yo— no queríamos separarnos ahora para una operación tan delicada, pero no había más remedio.

—Yo quiero ir con vosotros —dijo Lucas—. Quiero volver a la fábrica y vérmelas con Saturno Luna.

—Jolín, pues a mí no me vais a dejar solo con éstos —protestaba Carlos.

—Ya está bien —tercié yo—. No estamos formando equipo para jugar al fútbol, ni decidiendo quién se queda de portero. Si no lo hacemos bien, el mundo entero está perdido. No van a venir a salvarnos los mayores: ni los policías, ni los bomberos, ni nuestros padres... nadie. Si fallamos, todo está perdido. ¿Entendéis?

El silencio me dio la razón. Un minuto después, Ana recobró el mando:

—Bueno, vale ya, ¿no? Escuchadme bien, porque no lo voy a repetir: Carlos, Lucas, Lola y Javier, sois el equipo uno. Gonzalo, Fernando, el señor Kaplan y yo, el equipo dos. Y punto. Ya sabéis lo que tenéis que hacer.

EL EQUIPO UNO

Los integrantes del primer equipo se dirigieron al ayuntamiento, que era a la vez la residencia del alcalde. Estaba en la misma Plaza Mayor; se trataba de un palacio modernista de finales del siglo XIX, recientemente restaurado. Normalmente ningún alcalde vive en el propio edificio municipal, pero don Evaristo Polo, además de sus escasas luces, tenía una ambición fuera de lo común.

Cuando llegaron a la puerta, un sargento de la guardia municipal —que, como ya sabéis, estaba ahora compuesta por chimpancés parlantes sacados del zoo por el Profesor Luna— les cerró el paso:

—Alto ahí, ciudadanos de Curmia —dijo, dando saltos delante suyo—. ¿Adónde creéis que vais a estas horas?

El policía simio resultaba muy gracioso, pues aunque su lenguaje y sus gestos pretendían ser humanos, dejaba escapar algunos chillidos de mono entre palabra y palabra, y no podía mantenerse quieto ni queriendo. Lucas, que era el mayor y parecía el más sensato de todos, le explicó su propósito:

—Debemos ver al señor alcalde. Es muy urgente.

—¿Al alcalde? —preguntó el policía con su agudo tono de voz—. El alcalde está descansando en sus aposentos, y no va a recibir a nadie hasta mañana por la mañana.

Lucas miró a sus compañeros y, encogiéndose de hombros, dijo:

—Está bien, chicos. Vámonos, entonces. Al Profesor Luna no va a sentarle nada bien todo esto, pero si el alcalde no puede recibir un mensaje suyo, no puede y punto. Seguro que ese asunto de vida o muerte puede esperar hasta mañana.

El sargento enarcó una ceja, entornó los ojos y le miró muy serio.

—Espera, muchacho —dijo—. ¿Dices que vienes de parte del Profesor Luna?

—Sí, me ha dado un recado muy urgente que debo hacerle llegar al Excelentísimo Alcalde —contestó Lucas, extendiendo ante el atento guardia un documento falso, preparado por Omar Kaplan, que le presentaba como heraldo y correo personal de Saturno Luna—. Pero si él no puede atenderme, o usted duda de mi palabra, no pasa nada. Mañana se entenderán ambos en vivo y en directo.

—Un momento, un momento, muchacho —interrumpió el guardia, levantándose la gorra y rascándose la cabeza muy nervioso—. Perdona que haya sido tan impulsivo. Al fin y al cabo, hace sólo una semana yo vivía feliz en una jaula del zoo, comiendo plátanos a todas horas, y ahora recae sobre mis hombros la ardua tarea de mantener el orden público. Os acompañaré yo mismo hasta las dependencias de don Evaristo.

Dicho esto, los cuatro siguieron al humanizado chimpancé hacia el interior del edificio. Subieron la escalera principal y giraron hacia la zona Este, donde se ubicaban las dependencias personales del alcalde, tras una gran puerta de color blanco. Llamaron con ligeros golpecitos y abrió el secretario personal de don Evaristo: un hombre joven, con tres carreras universitarias, que además de ayudar al alcalde en todos sus asuntos políticos y legales, fuera de su horario laboral hacía las veces de mayordomo. El guardia le explicó el motivo de la inesperada visita y le enseñó, con gran ceremonia, el falso documento acreditativo. Satisfecho, el secretario les abrió paso.

Lo que vieron en el interior de la casa les sorprendió enormemente: había muchos cuadros y obras de arte —la mayoría de un gusto espantoso—, grandes animales disecados —el policía echó una mirada lastimera a un gran gorila de Tanzania que se erguía junto a una roca de cartón piedra—, una fotocopiadora de oro macizo y una fuente en el pasillo de la que manaba refresco de cola. En resumen, todo un monumento al lujo más absurdo. Finalmente llegaron al salón, donde el alcalde había empezado a cenar acompañado de un caballito poni que relinchaba sin parar.

—Cállate, Babiequín —le dijo al caballo— o mañana mismo te quito el cargo de concejal que te he prometido. ¡Qué digo! Te hago desaparecer de forma fulminante. ¡Ea! Igual que te he creado, puedo hacer que te esfumes —y dio palmaditas sobre el Absolutrón, el artefacto que le había regalado Saturno Luna, que descansaba a su lado, sobre la mesa.

El secretario carraspeó para hacer notar su presencia:

—Ejem... Señor —comenzó a decir—.

—¿Qué haces aquí, Manuel? ¿Y quién es esta gente? —preguntó airado.

Sin mediar palabra, el ayudante le extendió el documento hecho por Kaplan, mientras el sargento chimpancé se cuadraba en saludo militar.

—Así que venís de parte de Saturno Luna, ¿no es así, mocosos? ¿y se puede saber qué quiere el profesor que no le haya dado ya? —preguntó el edil, intentando hacer patente su autoridad.

—El Profesor —explicó Lucas, con cierto nerviosismo que a pesar de todo sonó natural— desea que le devuelva el invento que le entregó. Sólo lo necesitará durante un día. Mañana mismo volverá a ser suyo.

—¿Invento? —el alcalde lo miró con desconfianza—. ¿De qué invento hablas?

—Del Absolu... Absoler... bueno, el Conseguidor de Todo, señor. Dice que es una especie de proyector.

Lucas lo describió a la perfección, porque lo había visto el mismo día en que Luna se lo entregó al alcalde en la vieja fábrica de jabón.

—Dile a tu jefe que no es posible.

—¿Cómo? Pero señor, el Profesor se enfadará mucho si no...

—Pues si se enfada, que se enfade. Santa Rita, Rita, lo que se da no se quita. Que haga otro si quiere, pero que deje el mío en paz. Y punto.

Los cuatro miembros del equipo se miraron entre sí, dudosos. La verdad es que, al idear el plan, siempre habíamos contado con que el alcalde tendría un miedo reverencial al inventor y no pondría objeciones a la idea de prestarnos el aparato. Había que reaccionar muy rápido, y cuando se trataba de acciones impulsivas, Lucas se las pintaba solo. Dejando a todo el mundo alucinado, echó a correr hacia la mesa del comedor y cogió el Absolutrón.

—¡Alto, bribón! —chilló el guardia, y se lanzó tras él. Ya la había cogido por el tobillo, y estaba a punto de darle un buen golpe con su porra, cuando Lucas se volvió hacia él y, apuntándole con el proyector mágico, le dijo:

—Mono, vuelve a ser como eras antes —el haz de luz iluminó por completo al primate, que gritó de nuevo pero ya sin el menor atisbo de humanidad, y empezó a darse él mismo cachiporrazos en la cabeza.

El alcalde y su fiel ayudante también corrían hacia él, pero a ellos también les alcanzó otro rayo.

—¡Convertíos en estatuas! —dijo Lucas, dejándolos petrificados a ambos.

Carlos, Javier y Lola se acercaron a él; apenas habían tenido tiempo de reaccionar.

—Lo has hecho muy bien —le dijo Lola, apoyándose en su hombro—. A nosotros sí que nos has dejado de piedra, menos mal que has venido.

—A mí me tiemblan las piernas —añadió Carlos.

—Bueno, no perdamos más tiempo. Ya tenemos lo que queríamos —concluyó Lucas, sin darse más importancia.

Y los cuatro abandonaron el ayuntamiento, poniendo rumbo hacia a la Colina Bermeja.

EL EQUIPO DOS

Así se desarrolló la breve aventura del primer equipo, tal y como me la contó Javier: un niño que hablaba poco pero que, como Ana, tenía un gran talento para narrar toda clase de anécdotas y vivencias. Mientras tanto Ana, Fernando, Omar Kaplan y yo fuimos hasta la vieja fábrica de jabón para llevar a cabo nuestra parte del plan.

Tal y como habíamos hecho unos días antes, nos introdujimos por la valla rota de la parte de atrás. A Kaplan le costó un poco pasar por la abertura, idónea para un niño, pero algo estrecha para alguien tan mayor como él. Una vez dentro del recinto hicimos el mismo recorrido, accediendo a la fábrica por la nave contigua. De nuevo la vieja escalera metálica, los intrincados pasillos y, por fin, la plataforma sobre el laboratorio de Saturno Luna, que cada vez estaba más lleno de cosas: nuevos aparatos, cables, conexiones y estanterías repletas de libros y cacharros. Debajo de nosotros el inventor y Urano Titán trabajaban juntos, soldando piezas de una gran máquina, ajenos a nuestra presencia.

—Hay algo que no me gusta, profesor, y es esa manía de acabar, en cada realidad alternativa que visitamos, entregándole a alguien nada más y nada menos que un

Conseguidor de Todo. Se trata de uno de sus inventos más importantes, y ese alcalde es un tipo ambicioso.

—Querido Urano —contestó el cientimago, recreándose en la repuesta—, permite que te corrija: no se trata de "uno de mis inventos más importantes", sino del más importante de todos. Es el artefacto definitivo, el que me llevó a la cúspide de la invención cósmica, convirtiéndome en un ser superior a cualquier criatura inteligente registrada en el universo mundo.

—¿Entonces...? —continuó Urano, que no entendía nada.

—Entonces, mi querido compañero, deberías comprender la exquisita burla que supone entregar esa pequeña máquina, que convierte a su poseedor en amo absoluto de cuanto le rodea, a un patán sin cerebro que la malgastará haciendo realidad caprichos estúpidos. O yo no conozco a las personas, o el insigne Evaristo Polo ha recubierto ya su casa de oro, ha materializado a un caballo o algo por el estilo. ¿No es para mondarse de risa, Urano?

—No, si la cosa tiene su gracia, profesor. No lo niego. Pero ¿y si cayera en otras manos?

—Eso no sucederá —aunque estábamos algo lejos, se podía percibir cómo Saturno irradiaba soberbia por los cuatro costados—. El alcalde no permitirá que nadie se lo arrebate; dudo incluso que alguien llegue a saber alguna vez para qué sirve el aparatejo...

Continuaron con su tarea durante un buen rato más, mientras nosotros seguíamos agachados en la plataforma superior, esperando la ocasión propicia para acceder al laboratorio. Ésta llegó cuando Saturno Luna le propuso a su amigo y ayudante que le acompañara a dar un paseo por la colina.

—Ya se va haciendo tarde para el trabajo, Urano, e intuyo que hace una noche espléndida. Vamos a dar una vuelta y hablamos un rato, es importante establecer nuestra estrategia para los próximos meses. ¿Te apetece?

—Me parece bien, profesor. Tengo ganas de relajarme un poco.

Ambos salieron del taller, comentando entre ellos algunos de los momentos vividos en Curmia en los últimos días. Luna trataba a Urano con aprecio, como a un camarada; mientras que aquel, a pesar de corresponderle en la confianza, siempre le mostraba gran respeto.

Dejamos pasar unos minutos, pues sabíamos que con los seres que tratábamos cualquier precaución era poca, y descendimos por una escalerilla desde la plataforma al taller. Caminamos fascinados entre los estantes y soportes que escondían inventos y más inventos, y Fernando a punto estuvo de tocar una gran pantalla.

—Cuidado, no toquéis nada. —advirtió en voz baja, pero con autoridad, Omar Kaplan— Cualquier artefacto puede tener un efecto imprevisible: ese monitor podría mostrarte imágenes del futuro, o capturarte para siempre dentro de una película de terror, o algo aún más desagradable y horrible.

La explicación de Kaplan fue tan convincente que yo hasta metí las manos en los bolsillos. Mientras, él examinaba todos los estantes en busca de la herramienta que nos permitiría vencer a Saturno Luna.

—¿Estás seguro de que podrás reconocerlo si lo ves? —preguntó Ana.

—Completamente. La pregunta no es esa, sino más bien si el aparato funcionará como a nosotros nos gustaría —contestó Kaplan.

—Como dice Saturno Luna, "si es lógico, es cientimágicamente posible", ¿no? Así que seguramente un aparato recordador tendrá una función inversa y puede ser utilizado como olvidador, ¿no crees? —expuso nuestra amiga.

—Ya te lo dije cuando comentaste tu plan, niña. Es posible que así sea, y en tal caso tendríamos una pequeña oportunidad...

En ese momento una voz femenina, dulce como la de una princesa de cuento e inquietante como la de un hada, sonó desde la plataforma donde nosotros nos habíamos escondido unos minutos antes:

—¿Una oportunidad de qué, Omar? —era Venus Io que, apoyada sobre la barandilla, nos miraba divertida.

Antes de que pudiéramos contestar, la bella muchacha hizo el pino sobre la plataforma, se impulsó hacia arriba y dio varias vueltas en el aire hasta caer, de pie, junto a nosotros. Al llegar al suelo adoptó una pose felina; en realidad, toda su maniobra parecía la cabriola de un gato. Una vez erguida, miró a Omar a los ojos. Él continuaba en silencio.

—¿No estarás intentando traicionarnos? —preguntó con un tono ingenuo, casi infantil, mientras acariciaba la mejilla de Omar.

—No podría, aunque quisiera —contestó el extraño—. Aún no ha nacido quien engañe a Saturno Luna, me temo. Tú ya sabes por qué os sigo: sólo por verte, aunque sea de forma fugaz y clandestina.

—Entonces no entiendo qué haces aquí, ni quiénes son estos chiquillos. ¿Qué estás tramando, Omar?

—Estoy buscando un aparato con el que me hiciste recordar todo lo que había pasado durante las horas en que estuve muerto. Se trata de un invento de Luna, el Recordatoriomatic.

—¿Para qué? —siguió preguntando Venus, intrigada.

—Bueno, mi amiga Ana, aquí presente, me ha sugerido que tal vez el aparato tenga una posición inversa que haga posible olvidar cosas, en vez de recordarlas. Y yo necesito olvidar, Venus. Quiero utilizarlo en mí mismo para vivir una existencia libre de vosotros y de vuestro recuerdo. Me quedaré aquí mismo, en esta realidad, y empezaré de nuevo. Pero no podré hacerlo si os recuerdo, Venus.

—No creo que funcione, Omar —dijo Venus, apoyando su mano abierta sobre el pecho de Kaplan—, porque hay algo mío en ti. Siempre me recordarás.

—Vamos a intentarlo, ¿no?

En ese preciso momento, que no podía ser más inoportuno para nuestro plan, regresaron Saturno Luna y su ayudante.

—Vaya, vaya, vaya. Pero, ¿qué tenemos aquí? —dijo con sorna el inventor—. Dichosos los ojos... Mira bien, Urano: el hijo pródigo ha vuelto, a pesar de que debería estar muerto de asco en una mazmorra subterránea de otra Tierra muy diferente, ¿no es verdad? —subrayó su última pregunta, fulminando con la mirada a Venus—. Veo que vienes bien acompañado por cachorrillos de memo procedentes de la fauna local...

—Memo lo serás tú, farsante —dijo Fernando, muy enfadado.

—Cuánta agresividad contra alguien que está transformando vuestro poblacho en un lugar insólito y magnífico, muchacho. Sin duda, cuando seáis mayores, sabréis apreciar todo lo que estoy haciendo por vosotros.

—Cuando seamos mayores seremos poco menos que zombis en tus manos, ya lo sabemos —añadí yo.

—¿Eso os han contado? —preguntó Luna, mirando de reojo a Kaplan—. Bueno, cada cual cuenta la fiesta según le ha ido. Es inútil dejarse llevar por la polémica, especialmente si ésta no lleva a ninguna parte. Y ahora, ¿alguien puede decirme qué hacéis aquí?

Venus Io relató, con brevedad y concisión, cómo nos había encontrado, añadiendo la explicación dada por Omar Kaplan. Saturno

Luna se sentó en un gran sillón tras la mesa del laboratorio y cruzó los dedos, apoyando la barbilla sobre las manos. Hubo casi un minuto de silencio, interrumpido de nuevo por el inventor:

—Omar, Omar, Omar —dijo, meneando su cabeza mientras sonreía—. ¿Qué vamos a hacer contigo, mi tramposillo casipupilo? Dices que quieres olvidar, pero yo creo que estás mintiendo. Mientras iba encajando tu plan en mi cabeza, había algo que se me escapaba: ¿cómo un tarugo como tú, procedente de una realidad cuyos habitantes poseen menos imaginación que un caracol privado de su concha, podía urdir un plan contra mí, el hombre más inteligente del universo? Pero claro, el plan no es tuyo, ¿verdad? Has tenido que reunirte con un grupo de chicos de primaria para aprovecharte de su intelecto. ¿Me equivoco? —y dirigió una mirada a Ana—. ¿Habéis sido vosotros los que habéis pensado que podríais utilizar el Recordatoriomatic para hacerme olvidar quién soy y vencerme?

—Bueno, era una de las ideas —contestó Fernando—.

El inventor, furioso, se abalanzó sobre él, le agarró por los hombros y le gritó:

—¿Cómo "una de las ideas"? ¿Qué más ideas podíais tener para hacerme algún daño? Dime, a ver, dime alguna...

En ese momento irrumpieron en el taller Lucas, Lola, Carlos y Javier. Lucas portaba el Conseguidor que le acababan de arrebatar al alcalde.

—Mira a ver si ésta te vale, Saturno Luna. Mientras tanto, tú conviértete en un cerdo.

En menos que canta un gallo, y tras el fogonazo de luz que marcaba el funcionamiento del pequeño aparato, el inventor se transformó en un rollizo cerdo —naturalmente un ser tan soberbio como él no podía transformarse en un cerdo normal, así que asumió la forma de un lustroso marrano ibérico "pata negra", criado con bellota—. El primero en reaccionar fue Urano Titán, que tras unos instantes contemplando a su cambiado maestro y amigo, echó a correr hacia Lucas y, de un manotazo, tiró el Absolutrón al suelo. Iba a cogerlo él, cuando Javier reaccionó lanzándolo hacia delante con un certero puntapié que lo mandó junto a mí. Agarré el aparato y apunté con él a Urano.

—¡Duerme! —grité, y al recibir la luz el enano cayó al suelo, como si su cuerpo fuera de plomo.

Como nadie, ni siquiera Kaplan —él aún menos que nosotros— se fiaba de Venus Io, también utilizamos el Absolutrón para dejarla inconsciente. Aún un poco nerviosos —hasta el punto de que incluso a Lucas, que había demostrado ser el más valiente, le temblaban las piernas tanto como a Carlos— y con el otrora inventor, muy enfadado en su nueva forma porcina, gruñendo alrededor nuestro, nos sentamos en el suelo a planificar qué podíamos hacer. Nuestra escaramuza se había saldado con un sorprendente éxito para nuestro bando, pero el mundo aún seguía patas arriba, los inventos continuaban desaparecidos y, por si esto fuera poco, era necesario tomar una decisión respecto a los extraños invasores responsables de todo aquel lío.

—En cuanto a Luna y sus secuaces, dejádmelos a mí —dijo Omar Kaplan—. Encontraré el Recordatoriomatic, buscaré la función generadora de amnesia y les borraré la memoria con el aparato, a los tres. Después los llevaré conmigo a mi mundo, en el que hay mucho que arreglar para dejarlo todo como estaba. De entrada, a Saturno Luna, tras devolverle su forma humana, le convenceré de que es un Burócrata Oficinista Ayudante de Tercer Grado, es decir, que lo voy a machacar de aburrimiento puro y duro. Con Urano ya veré qué se puede hacer, en el fondo no es mala persona. Y con Venus... —le dedicó una fugaz mirada— quién sabe. Tal vez si no recuerda nada, podamos empezar de nuevo. Hay mucho en común entre nosotros —concluyó, acariciándose el pecho, justo a la altura del corazón—.

—¿Y nosotros qué hacemos? —preguntó Lola, desolada—. ¿Cómo podemos volver todo a la normalidad?

—Me temo que tenéis un duro trabajo por delante —afirmó Kaplan, apoyando sus manos sobre los hombros de Lola—. Tenéis que hacer inventario de los aparatos y chismes creados por Luna, y también de los desinventados. Seguramente en este almacén hay un ejemplar de cada artilugio desaparecido. Y luego, con el Conseguidor de Todo, debéis ir uno por uno deshaciendo el hechizo del cientimago. Pero ¡mucho cuidado! Tras repararlo todo debéis destruir el Absolutrón, pues si continuáis utilizando su poder puede que todo empiece de nuevo...

Saturno Luna, el cerdo, aún miraba con expresión inteligente a Omar. Estaba claro que su cerebro no había cambiado en modo alguno, y entendía perfectamente nuestras palabras.

—¡Oink! —fue lo único que pudo contestar. Eso sí, se trataba de un gruñido en tono amenazante.

Y así terminó nuestra historia. No hubo una solución mágica que borrara las acciones de Saturno Luna: en la vida real nada resulta tan fácil como en los cuentos, y la mayoría de problemas sólo se resuelven trabajando. Por suerte algunos niños más se nos unieron en los días siguientes para ayudarnos a identificar los desinventos de Luna, pues algunos se nos habían pasado por alto hasta a nosotros: por ejemplo, habían dejado de existir los audífonos para sordos y las dentaduras postizas... con razón últimamente parecía que mi abuelo escupía más de la cuenta al hablar.

Unos meses más tarde ya no quedaba recuerdo alguno de Saturno Luna, e incluso los mayores se referían a él como "aquel charlatán que vino una vez y que al final no inventó nada". Yo mismo rara vez pensaba en el tema hasta un día en que mi padre, al volver a casa del trabajo, mientras poníamos la mesa para comer, le dijo a mi abuelo:

—¿Pues no que hay una ardilla merodeando por la biblioteca? Se esconde por los libros, los manosea,... un día hasta me cambió un tomo de la enciclopedia de sitio. ¡Y lo más curioso es que me había equivocado yo al colocarlo, el bicho ese lo puso en su lugar correcto!

Yo sonreí al escuchar su comentario; por supuesto, no añadí nada. Pero después de comer me asomé a la ventana y ya, sin poder evitarlo, estuve toda la tarde pensando en Omar Kaplan y Venus Io.

Este libro fue escrito en el verano de 2007. Ha sido revisado, corregido y preparado para su edición en **Bubok.com** en septiembre de 2011. Puedes adquirir un ejemplar, o descargarlo en formato electrónico en **http://victoreme.bubok.es**

Además, la aventura continúa en **www.facebook.com/SaturnoLuna**

Mi eterno agradecimiento a **Enrique Guillamón** por su extraordinaria ilustración para la cubierta. Podéis ver más trabajos de este excelente dibujante y creativo gráfico en **http://enriqueguillamon.com/**.

Víctor Martínez López (Murcia, 1973) es Licenciado en Derecho, pero lleva más de veinte años como redactor y creativo publicitario. Ha trabajado en campañas de concienciación social dirigidas a todo tipo de públicos, y realizado textos para numerosos materiales educativos y divulgativos.

Como **Víctor Eme** ha guionizado y dibujado cómics en fanzines y en el magazine *El Jueves*. Recientemente ha publicado el cómic biográfico 'Saavedra Fajardo y el destino de Europa' (CAM, 2008), con dibujos de Jesús Galvañ, y 'Operación: Aniquilar la Tierra' (Ediciones Tres Fronteras, 2009), con dibujos de Javim.

Más sobre el autor en:

victoreme.tumblr.com

facebook.com/victoreme

y

twitter.com/victoreme

www.ingramcontent.com/pod-product-compliance
Lightning Source LLC
Chambersburg PA
CBHW072333150726
47998CB00017B/594